БИБЛИОТЕКА ШКОЛЬНИКА

В. Берестов

Стихи и сказки

Художник Е. Воробьёва

Москва
Издательство «Стрекоза»

УДК 82-93
ББК 84(2Рос=Рус)6
Б48

Любили тебя без особых причин:
За то, что ты — внук,
За то, что ты — сын,
За то, что малыш,
За то, что растёшь,
За то, что на маму и папу похож.
И эта любовь до конца твоих дней
Останется тайной опорой твоей.

ISBN 978-5-9951-5613-0

Стихи

ПЕРВОЕ СЕНТЯБРЯ

Перед первым сентября

Часовщик хороший, миленький,
Почини ты нам будильники!
Тот, кто принят в первый класс,
Должен знать, который час.

Первое сентября

Нежарким солнышком согреты,
Леса ещё листвой одеты.
У первоклассников букеты.
День хоть и грустный, но весёлый.
Грустишь ты: — До свиданья, лето!
И радуешься: — Здравствуй, школа!

У меня в портфеле

Портфель

Зимой по улице бежит,
А летом в комнате лежит.
Но только осень настаёт,
Меня он за руку берёт.
И снова в дождик и в метель
Со мной шагает мой портфель.

Тетради

Тетради в портфеле шуршали,
Что в жизни важнее, решали.
Тетрадка в линейку бормочет: —
Грамматика!
А в клетку тетрадка ворчит: —
Математика!
На чём примирились тетрадка
с тетрадкой,
Для нас до сих пор остаётся загадкой.

Учебник

— Учитель у меня в портфеле!
— Кто? Быть не может! Неужели?
— Взгляни, пожалуйста! Он тут.
Его учебником зовут.

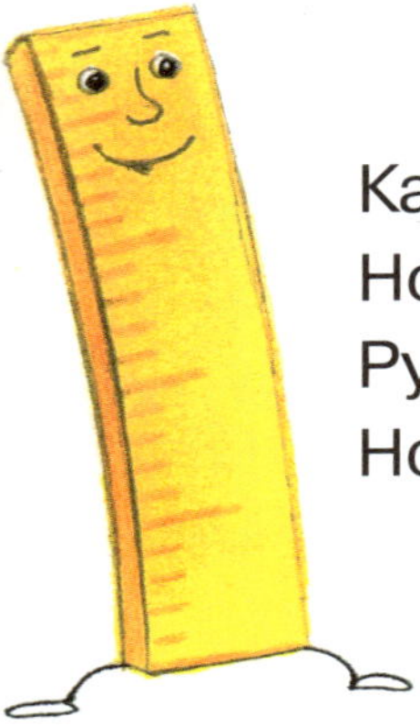

Пенал

Карандаш в пенале мается,
Но зато он не ломается.
Ручка в тесноте находится,
Но зато легко находится.

Линейка

Я — линейка. Прямота —
Главная моя черта.

Ручка

Буквы напечатанные —
Очень аккуратные.
Буквы для письма
Я пишу сама.
Очень весело пишется ручке:
Буквы держат друг друга за ручки.

— Ах, батюшки! — сказала ручка. —
Что значит эта закорючка?
— Чернильная ты голова!
Ты ж написала букву «А».

Карандаш

Я — малютка-карандашик.
Исписал я сто бумажек.
А когда я начинал,
То с трудом влезал в пенал.
Школьник пишет. И растёт!
Ну а я — наоборот!

Точилка

Почему из-под точилки
Вьются стружки и опилки?
Карандаш писать не хочет,
Вот она его и точит.

Циркуль

Циркуль мой, циркач лихой,
Чертит круг одной ногой,
А другой проткнул бумагу,
Уцепился и ни шагу.

Закладка

Я — нарядная закладка.
Я лежу здесь для порядка.
Зря страницы не листай.
Где закладка, там читай.

Резинка

Я — ластик. Я — резинка,
Чумазенькая спинка.
Но совесть у меня чиста:
Помарку стёрла я с листа!

Треугольник

В старших классах каждый школьник
Изучает треугольник.
Три каких-то уголка,
А работы — на века.

Кисточка

Над бумажным над листом
Машет кисточка хвостом.
И не просто машет,
А бумагу мажет,

Красит в разные цвета.
Ах, какая красота!

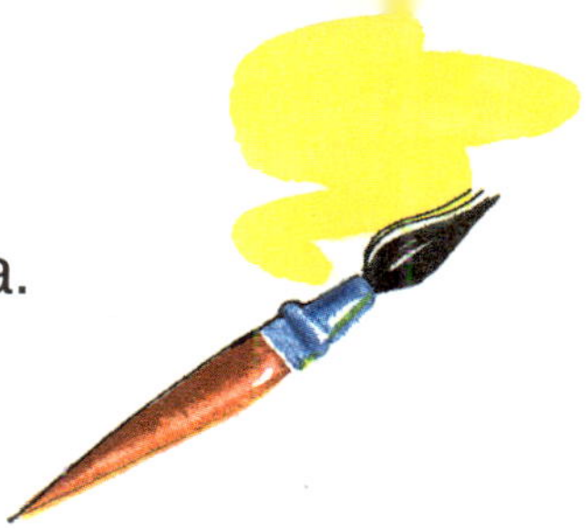

Дневник

В дневнике заданья на дом
И стоят отметки рядом —
До чего же хороши!
Ну-ка, мама, подпиши!

Читалочка

Как хорошо уметь читать!
Не надо к маме приставать,
Не надо бабушку трясти:
«Прочти, пожалуйста! Прочти!»
Не надо умолять сестрицу:
«Ну прочитай ещё страницу!»
Не надо звать,
Не надо ждать,
А можно взять
И почитать!

Как я считать научился

«Две тысячи двести, —
шепчу полусонно, —
Две тысячи двести один...»
Считать научился я до миллиона,
Над числами я господин.
Считать-то считаю, да только беда:
Считай не считай — не сочтёшь никогда!

Приятная весть

— Без четверти шесть!
Без пятнадцати шесть!
Хотите услышать
Приятную весть?

— Так что же случилось
Без четверти шесть?
Какая такая
Приятная весть?

— А то, что я сам,
Понимаете? — САМ
Умею часы
Узнавать по часам.

— Ты прав. Так и есть,
Без пятнадцати шесть!
Спасибо тебе
За приятную весть!

Где право, где лево

Стоял ученик
На развилке дорог.
Где право,
Где лево,
Узнать он не мог.
Но вдруг ученик
В голове почесал
Той самой рукою,
Которой писал,
И мячик кидал,
И страницы листал,
И ложку держал,
И полы подметал.
«Победа!» — раздался
Ликующий крик.
Где право,
Где лево,
Узнал ученик.

Урок листопада

«А дальше, ребята, урок листопада.
Поэтому в класс возвращаться не надо.
Звонок зазвенит — одевайтесь скорей
И ждите меня
возле школьных дверей».

И парами, парами следом за нею,
За милой учительницей своею,
Торжественно мы покидаем село.
А в лужи с лужаек листвы намело.

«Глядите! На ёлочках тёмных
в подлеске
Кленовые звёзды горят, как подвески.
Нагнитесь за самым красивым листом
В прожилках малиновых на золотом.
Запомните все, как земля засыпает,
Как ветер листвою её засыпает».

А в роще кленовой светлей и светлей, —
Всё новые листья слетают с ветвей.

Смеёмся и носимся под листопадом
С печальной, задумчивой женщиной
рядом.

Урок рисования

Учитель положил на стол морковку.
Раскрыл альбом прилежный ученик:
«Вон тот бочок в тени —
дадим штриховку,
А этот на свету — положим блик».
Малыш трудился, не жалея сил,
Штриховку на морковку наносил...
И всё ж явились
рядышком с морковкой
Два зайца, пароход,
солдат с винтовкой.

* * *

Он руку над партою тянет и тянет.
Неужто никто на него и не взглянет?
Не нужно отметок в журнал
и в дневник.
Довольно того, что он в тайну проник.
Что чудо свершилось, задача решилась!
Спросите, пожалуйста! Сделайте милость!

Кто чему научится

Чему первым делом научится кошка?
— Хватать!
Чему первым делом научится птица?
— Летать!
Чему первым делом научится школьник?
— Читать!
Котёнок вырастет кошкой,
Такой же, как все на свете.
Птенец превратится в птицу,
Такую ж, как все на свете.
А дети читают,
А дети мечтают.

И даже их мамы и папы не знают,
Кем станут, кем вырастут дети.

* * *

Мальчишки, выскочив из школ,
Звенят и льются, как капели,
И каждый сам себе щегол,
Свои высвистывает трели,
Как будто бы весна — он сам!
И в птичьем гаме детворы
За лодочками из коры
Весна плывёт по всем ручьям,
Во все леса, во все дворы.

Что всего милее

Что всего милее
Для тебя, мальчишка?
В хлебе — горбушка,
В капусте — кочерыжка,
В варенье — пенка,
А в школе — переменка!

* * *

Под столбом лежит ледышка.
У ледышки передышка.
Подойду к столбу и там
Вновь ледышку наподдам.
И она опять умчится.
Это я иду учиться!

* * *

Нет, руки зимой не у тех горячей,
Кто клал их в карман или грел у печей,
А только у тех, а только у тех,
Кто крепко сжимал обжигающий снег,
И крепости строил на снежной горе,
И снежную бабу лепил во дворе.

Велосипедист

Мчат колёса по дороге,
Над дорогой мчатся ноги.
Это еду я бегом.
Это я бегу верхом!

Я и сидя бегу,
И встаю на бегу,
И колёса кручу,
И качу,
Куда хочу!

Как я плавать научился

Спасибо тебе,
Крокодил надувной,
За то, что ты лопнул
В воде подо мной!

Но вместо того
Чтобы крикнуть «Тону!»,
Я взял и руками
Раздвинул волну,

Ударил её,
И ногами забил,
И воду локтями
Толкнуть не забыл.

Победой беда
Обернулась моя.

Я выплыл! Я плаваю!
Плаваю я!

Теперь крокодил,
Если он надувной,
Не сможет уже
Подшутить надо мной!

Серёжа и гвозди

Сотрясается весь дом:
Бьёт Серёжа молотком,
Покраснев от злости,
Забивает гвозди.

Гвозди гнутся,
Гвозди мнутся,
Гвозди извиваются.
Над Серёжею они
Просто издеваются,
В стену не вбиваются.

Хорошо, что руки целы!
Нет, совсем другое дело
Гвозди в землю забивать!
Тук! — и шляпки не видать.

Не гнутся, не ломаются,
Обратно вынимаются.

Картинки в лужах

В лужах — картинки!
На первой — дом,
Как настоящий,
Только вверх дном.

Вторая картинка.
Небо на ней.
Как настоящее,
Даже синей.

Третья картинка.
Ветка на ней,
Как настоящая.
Но зеленей.

А на четвёртой
Картинке
Я промочил
Ботинки.

Конь

Я для дочери моей
Самый лучший из коней.
Я умею громко ржать
И цокать звонко.
И верхом, верхом, верхом
На коне своём лихом
Так и носится
Наездница-девчонка.

А наутро нет коня.
Он уходит на полдня,
Притворяется сердитым,
Деловитым,
А мечтает об одном:
Стать бы снова скакуном.
И, дрожа от нетерпенья,
Бьёт копытом.

Альбом для рисования

И в десять лет, и в семь, и в пять
Все дети любят рисовать.
И каждый смело нарисует
Всё, что его интересует.
Всё вызывает интерес:
Далёкий космос, ближний лес,
Цветы, машины, сказки, пляски...
Всё нарисуем! Были б краски,
Да лист бумаги на столе,
Да мир в семье и на земле.

О ЧЁМ ПОЮТ ВОРОБУШКИ

Песенка весенних минут

Что ни сутки,
По минутке
День длинней,
Короче ночь.
Потихоньку,
Полегоньку
Прогоняем зиму
Прочь!

Воробушки

О чём поют воробушки
В последний день зимы?
— Мы выжили!
— Мы дожили!
— Мы живы! Живы мы!

Первое апреля

Птичье щебетание.
Тиканье капели.
Всходит утро раннее
Первого апреля.
В этот день улыбчивый
Жить без шуток плохо.
Если ты обидчивый,
Вспыльчивый, забывчивый,
Хмурый, неуживчивый,
Берегись подвоха!

Дождик

Горошины! Горошины!
На землю с неба брошены.
Рассыпался горох
На семьдесят дорог.
Как хорошо горошинам
Лететь, лететь
В ладоши нам.
Но все бегут от них,
От капель дождевых!
Горошины! Горошины!
Всё ими загорожено.

Стеной стоит вода.
Не выйдешь никуда!

Подсолнух

Всё утро дождик... Ничего весёлого.
Но есть у солнца друг — один из лучших.
Упрямо поворачивая голову,
Он ищет солнце, спрятанное в тучах.

Корзинка

Март

Как только снег исчез,
Пошла корзинка в лес.
Март посылает всем привет,
А с ним — подснежников букет.

Апрель

В апреле, в апреле
Цветы запестрели.
Серёжки на ветках белеют в апреле.
Крапивы немного домой притащи —
Пусть бабушка сварит зелёные щи!

Май

Фиалки, ландыши для нас
Весёлый май в тиши припас,
Но мы их обрывать не будем —
Пускай цветут на радость людям!
А кто в лесу не новичок,
Найдёт весенний гриб — сморчок.

Июнь

Колокольчики! Ромашки!
Незабудки! Васильки!
Босиком и без рубашки
Ходим мы, плетём венки.

Июль

В лес июльский загляни-ка!
Поспевает земляника.
Каждая полянка —
Скатерть-самобранка.

Попадаются в июле
Очень вкусные находки.
Это знают все кастрюли,
Банки, миски, сковородки.

Август

Приходит август с урожаем
Ко всем, но только не к лентяям.
Кто проспал, тот вернётся
С пустыми руками.
А кто рано проснётся,
Тот — с боровиками.

Сентябрь

Вот красная рябина,
Вот дружные опята.
И в сентябре корзина
Полным-полна, ребята!

Октябрь

Вот на ветке лист кленовый,
Нынче он совсем как новый!
Весь румяный, золотой.
— Ты куда, листок? Постой!

Осенние листья желты и красны.
Простимся с корзинкой до новой весны.

Снегопад

День настал.
И вдруг стемнело.
Свет зажгли. Глядим в окно.
Снег ложится белый-белый.
Отчего же так темно?

Гололедица

Не идётся и не едется,
Потому что гололедица.
Но зато
Отлично падается!
Почему ж никто
Не радуется?

Знакомый

Сегодня вышел я из дома.
Пушистый снег лежит кругом.
Гляжу — навстречу мой знакомый
Бежит по снегу босиком.

И вот мы радости не прячем,
Мы — неразлучные друзья.
Визжим, и прыгаем, и скачем
И он, и я, и он, и я!

Объятья, шутки, разговоры.
— Ну как живёшь? Ну как дела?
Вдруг видим, кошка вдоль забора,
Как тень, на цыпочках прошла.

— Побудь со мной ещё немного! —
Но я его не удержал.
«Гав! Гав!» — сказал знакомый строго.
Махнул хвостом и убежал.

ЦИРКОВАЯ АЗБУКА

А

Алле! Начнём аттракционы!
Вот акробаты-чемпионы.
Атлет-артист. Арена-сцена,
А клоун — славный брат спортсмена.

Б

Борец Буробин в бурной схватке
Боброва бросил на лопатки.
Пусть побеждённый победителя
Обнимет на глазах у зрителя.

В

Верчу колёса. Руль верчу.
Весельчака везу к врачу.
Ведь он же со смеху помрёт,
Вот-вот животик надорвёт.

Г

Гигант Геракл, гимнаст из Греции.
Наш гость летает на трапеции.
Вниз головой герой летит.
Гимнастка на него глядит.

Д

Дрессировщики зверей!
Дайте сахару скорей.
Долго звери вас учили,
Чтоб награды им вручили.

Е

Едет клоун по шоссе
На блестящем колесе.
Для чего? Зачем? — Для смеха!
Пожелайте мне успеха.

Ё

Ёлка в блёстках со свечами!
Посмеёмся с циркачами!
Всё не так, всё не всерьёз,
Если клоун — Дед Мороз.

Ж

Жонглёра пожалел обжора:
— Жаль, ужинать ему не скоро.
Тарелок много, много блюд,
Но в них жаркого не кладут.

З

Занят заклинатель змей
Звонкой музыкой своей.
А под музыку, друзья,
Затанцует и змея.

И

Известный иллюзионист.
Из-за него дрожишь, как лист.
Но он распилит ящик с тётей,
И никого там не найдёте.

Й

Йог вовек не скажет: «Ох!»,
«Ой-ой-ой!» — не крикнет йог.
Молодой, владей собой!
Старый, будь как молодой!

К

Классный комик Кока-клоун,
Как картинка, разрисован.
— По канату я шатаюсь
И нисколько не шатаюсь.

Л

Легко лошадка цирковая
Летает, ленты развевая,
И погарцует, и попляшет,
Вот только землю не попашет.

М

Медвежий марш и вальс медвежий!
С гармошкой мишка на манеже.
Медведица с медведем пляшет,
Им медвежонок лапкой машет.

Н

На коне наездник мчит,
Настоящий он джигит,
Наклоняется, встаёт,
Ни за что не упадёт.

О

Оркестр отменный цирковой
Исполнил опус огневой.
Ну что за номер без оркестра!
Спасибо ото всех, маэстро!

П

Плотный папа прочно встал,
Пирамиду основал.
На плечах стоят без паники
Сыновья, потом — племянники.

Р

Разлетаемся, слетаемся.
Мы на роликах катаемся.
Развесёлые танцоры,
Резвые, как метеоры.

С

Слон — москвич. В столицу он
Был слонёнком привезён
Из соседней из страны,
Той, где водятся слоны.

Т

Толстый клоун, попляши!
Тонкий клоун, посмеши!
Только клоун скажет чушь,
Трубачи сыграют туш.

У

Укротительница львов
Удивит учеников:
Укрощая льва и львицу,
Ужас как мышей боится.

Ф

Фокусник во фрак одет,
Факел превратит в букет.
Фея выскочит оттуда.
Фокус это или чудо?

Х

Хочешь великаном стать?
На ходули нужно встать.
Ахи, охи, хохот, смех,
Скоморохи выше всех!

Ц

Цыц, клоуны! Индеец целится.
Кто в цель попал, тот в цирке ценится,
А также тот, кто под прицелом, —
Вот молодец! — остался целым.

Ч

Чудо! Человек — ядро!
Чушка-пушка бьёт хитро.
Человечек не взрывается.
Он летит и улыбается.

Ш

Шпагоглотатель не шутил,
Пять шпаг бесстрашно проглотил.
— Эй, шалуны! Прибавьте шагу!
Швырните мне шестую шпагу!

Щ

Щёголь щётку уважает,
Щёткой щёголь пыль счищает.
Если пыль не вычищать,
Не в чем будет щеголять.

Ъ

Объявляется банкет!..
Все объедки сдай в буфет.
Объясняю: в цирке есть
Те, кто их желает съесть!

Ы

Жили-были прыгуны.
— Мы допрыгнем до Луны!
Ввысь их вышвырнул батут.
— Прыгуны, вы где? — Мы тут!

Ь

Хвать пальто и платье хвать!
Трудно ль человеком стать?
Но ещё приятней стать
Обезьянкою опять!

Э

Эквилибрист, герой экрана,
Доставлен в цирк из океана.
Он носом этот мяч поймает
И долго держит, не роняет.

Ю

Юной Юлии хвала,
Юркой, быстрой, как юла!
А в июне и в июле
Отдохнёт на юге Юля.

Я

Я видел всякие края
В бродячем цирке — ящик я.
В блестящих ярких ярлыках.
На непонятных языках.

?

Я — вопросительный знак?
Что? Неужели? Как так?
Можно последний вопрос?
Братцы, вы это всерьёз?

!

Я — восклицательный знак!
Хлопайте! Громче! Вот так!
Радуйтесь! Вам повезло!
Громче! Не слышу! Алло!

.

Я — точка.
Одиночка.
Заканчиваю.
Точка.

Сказки

Витя, Фитюлька и Ластик

Однажды Витя взял бумагу и карандаш и нарисовал человечка: голова кружком, глаза точками, нос запятой, рот закорючкой, живот огурцом, руки и ноги как спички. И вдруг:

— Здравствуйте! — пискнул человечек. — Меня зовут Фитюлька. А вас как?

— А меня Витя, — ответил удивлённый мальчик.

— Простите, я не расслышал, — сказал человечек. — Если это вас не затруднит, нарисуйте мне, пожалуйста, уши.

— Конечно, не затруднит! — закричал Витя и быстро нарисовал человечку уши.

— Чрезвычайно вам признателен! — обрадовался Фитюлька. — Слышимость отличная. Только одно ухо вы мне поместили как раз посередине щеки. Впрочем, если так надо, я не возражаю.

— Нет, не надо, — сказал Витя. — Ну-ка, Ластик, помогай!

Ластик потёр Фитюльке ухо, и оно пропало. А Витя нарисовал новое. Там, где надо.

— Хочешь, я тебе нос сотру? — предложил Ластик.

— Благодарю за внимание, — ответил вежливый Фитюлька. — Но лучше потрите мне другую щёку. Бумага, понимаете ли, бела, как снег, и я, с вашего позволения, мёрзну.

— Как это — с нашего позволения? — удивился Витя и нарисовал Фитюльке тёплую шапку-ушанку, шубу, валенки, бороду, чтобы не мёрзли щёки.

— Ну как? — спросил мальчик. — Согрелся?

— Спасибо, внучек! — сказал Фитюлька басом. — Уважил старика. Уж теперь-то я зимушку перезимую.

— Минуточку! — сказал Витя. — Сейчас наступит лето.

Синим карандашом он нарисовал небо, зелёным — траву и деревья, а жёлтым — яркое-яркое солнце.

— Ну как? Хорошо? — спросил он Фитюльку.

— Оно бы и хорошо, — вздохнул бородатый Фитюлька. — Однако упарился я, как в бане, хоть бы шубейку скинуть.

— Простите, дедушка! — прошептал Витя. — Ну-ка, Ластик, помогай!

Ластик потёр шапку — не стало шапки, потёр шубу и валенки — не стало ни шубы, ни валенок.

Витя поправил рисунок, нарисовал Фитюльке трусики и глазам своим не поверил.

— В трусах, а с такой длиннющей бородой! Так не бывает. Ну-ка, Ластик, помогай!

Ластик мигом сбрил Фитюльке бороду, и человечек помолодел.

— Эй, Витька, давай играть в футбол! — закричал Фитюлька. — Нарисуй мне мяч!

Витя нарисовал Фитюльке замечательный футбольный мяч.

— А теперь давай играть! — предложил Фитюлька.

— Как же я буду с тобой играть? — задумался Витя. — Ты нарисованный, мяч тоже нарисованный. Знаешь что? Ты пока один потренируйся. А я пойду во двор, с ребятами поиграю. Не скучай!

И ушёл...

Фитюльке стало так невыносимо скучно, что даже Ластик его пожалел:

— Ладно уж, давай я с тобой поиграю.

— Давай! — обрадовался Фитюлька. — Держи мяч! Пасуй!

Ластик ударил по мячу. Раз! Половинки мяча как не было — стёрлась! Ещё раз! Совсем ничего не осталось!

— Отдай мяч! — захныкал Фитюлька. — Отда-а-ай!

— Как же я его отдам? — удивился Ластик. — Его же больше нет. Нельзя отдать то, чего нет.

— Ладно, ладно, — ворчал Фитюлька. — Я всё Вите скажу.

— А вот и не скажешь, — разозлился Ластик. — Потому что я тебе рот сотру. Терпеть не могу, когда хнычут и ябедничают!

— Не на-а-а...

Вот и всё, что успел крикнуть Фитюлька. Был у него рот — стало пустое место. Теперь он мог только шмыгать носом и всхлипывать. Из глаз у него выкатились две огромные слезы.

— Ах ты плакса! Ах ты ябеда! — сердился Ластик. — Захочу и всего тебя сотру в порошок. Только бумаги жалко.

Вернулся Витя.

— Что тут произошло? Где мяч? Эй, Фитюлька, куда ты дел мяч? Чего ж ты молчишь? У тебя рта нет, что ли?

Мальчик посмотрел на Фитюльку и увидел, что у того и вправду вместо рта пустое место.

— Эй, Ластик, что тут без меня произошло? Я тебя русским языком спрашиваю, отвечай!

«В самом деле русским языком, — подумал Ластик. — Если бы он спрашивал меня по-немецки, я бы его, пожалуй, не понял».

— Это всё твои штучки, Ластик, — догадался Витя. — Сколько раз я просил тебя не трогать рисунок! Полезай в пенал!

Ластик послушно лёг в пенал: принялся считать, сколько раз его просили не трогать рисунок, сбился и начал считать сначала. И вдруг он услышал знакомый голос:

— Ну-ка, Ластик, помогай! Нужно Фитюльке слёзы утереть!

Ластик выскочил из пенала и ахнул: рядом с Фитюлькой была целая футбольная команда. А чуть пониже солнца летал новенький мяч.

— Замечательный рисунок! — восхитился Ластик и весело взялся за дело.

Змей-хвастунишка

Однажды Витя сделал Змея. День был пасмурный, и мальчик нарисовал на Змее солнце.

Витя отпустил нитку. Змей стал подниматься всё выше и выше, мотая длинным хвостом и напевая песенку:

— Я лечу
И рею,
Я свечу
И грею!

— Ты кто такой? — спросили птицы.

— Разве не видите? — ответил Змей. — Я — солнце!

— Неправда! Неправда! — закричали птицы. — Солнце за тучами.

— За какими такими тучами? — разозлился Змей. — Солнце — это я! Никакого другого солнца не было, нет, не будет и не надо! Ясно?

— Неправда! Неправда! — всполошились птицы.

— Что-о-о? Цыц, короткохвостые! — рявкнул Змей, сердито мотая своим длинным хвостом.

Птицы в испуге разлетелись.

Но тут выглянуло солнце.

— Заклевать хвастунишку! Выщипать хвост обманщику! — закричали птицы и набросились на Змея.

Витя начал быстро сматывать нитку, и Змей упал в траву.

— Что ты там натворил? — спросил мальчик.

— А что? — обиделся Змей. — И пошутить нельзя?

— Шутить шути, — сказал Витя, — но зачем же врать и хвастаться? Ты должен исправиться.

— Вот ещё новое дело! — проворчал Змей. — И не подумаю! Пускай птицы сами исправляются!

— Ах так! — возмутился Витя. — Ну хорошо! Тогда я сам тебя исправлю. Теперь уж ты никого не обманешь и не напугаешь, хоть лопни от злости!

Мальчик взял кисть и краски и превратил нарисованное солнце в смешную рожицу.

Змей опять полетел в небо, распевая песенку:

— Я лечу,
Я парю,
Что хочу,
То творю!

Он и дразнился, и врал, и хвастался. Но теперь все видели его смешную рожицу и думали, что он шутит. А он и не думал шутить.

— Я — солнце! Слышите? Я — солнце!

— Ха-ха-ха! — смеялись птицы. — Ох и насмешил! Ох и уморил! С тобой, брат, не соскучишься!

— Цыц, короткохвостые! — ворчал Змей, сердито мотая своим длинным хвостом.

Но птицы смеялись ещё громче, кружились рядом со Змеем и дёргали его за хвост.

Честное гусеничное

Гусеница считала себя очень красивой и не пропускала ни одной капли росы, чтобы в неё не посмотреться.

— До чего ж я хороша! — радовалась Гусеница, с удовольствием разглядывая свою плоскую рожицу и выгибая мохнатую спинку, чтобы увидеть на ней две золотые полоски. — Жаль, что никто-никто этого не замечает.

Но однажды ей повезло. По лугу ходила девочка и собирала цветы. Гусеница взобралась на самый красивый цветок и стала ждать. А девочка увидела её и сказала:

— Какая гадость! Даже смотреть на тебя противно!

— Ах так! — рассердилась Гусеница. — Тогда я даю честное гусеничное слово, что никто, никогда, нигде, ни за что и нипочём, ни в коем случае, ни при каких обстоятельствах больше меня не увидит!

Дал слово — нужно его держать, даже если ты Гусеница.

И Гусеница поползла на дерево. Со ствола на сук, с сука на ветку, с ветки на веточку, с веточки на сучок, с сучка на листок. Вынула из брюшка шёлковую ниточку и стала ею обматываться.

Трудилась она долго и наконец сделала кокон.

— Уф, как я устала! — вздохнула Гусеница. — Совершенно замоталась.

В коконе было тепло и темно, делать больше было нечего, и Гусеница уснула.

Проснулась она оттого, что у неё ужасно чесалась спина. Тогда Гусеница стала тереться о стенки кокона. Тёрлась, тёрлась, протёрла их насквозь и вывалилась. Но падала она как-то странно — не вниз, а вверх.

И тут Гусеница на том же самом лугу увидела ту же самую девочку.

«Какой ужас! — подумала Гусеница. — Пусть я некрасива, это не моя вина, но теперь все узнают, что я ещё и обманщица. Дала честное гусеничное, что никто меня не увидит, и не сдержала его. Позор!»

И Гусеница упала в траву.

А девочка увидела её и сказала:

— Какая красивая!

— Вот и верь людям, — ворчала Гусеница. — Сегодня они говорят одно, а завтра — совсем другое.

На всякий случай она погляделась в каплю росы. Что такое? Перед ней — незнакомое лицо с длинными-предлинными усами. Гусеница попробовала выгнуть спинку и увидела, что на спинке у неё появились большие разноцветные крылья.

— Ах вот что! — догадалась она. — Со мной произошло чудо. Самое обыкновенное чудо: я стала Бабочкой! Это бывает.

И она весело закружилась над лугом, потому что честного бабочкиного слова, что её никто не увидит, она не давала.

Хворостина

Все ветки на дереве давно уже зазеленели. Только одна оставалась чёрной и голой, будто никакой весны и не было.

Сел на неё дятел, постучал клювом и сказал:

— Так-так! Абсолютно сухая ветка.

Проснулась ветка от его стука и ахнула:

— Батюшки! Никак, уже лето? Неужто я весну проспала?

— Засохла ты, — прошелестели ветки-соседки. — Хоть бы ветер тебя поскорее сломал или человек срубил, а то ты всё дерево портишь.

— Ничего, — ответила ветка. — Скоро и я зазеленею.

— Слыханное ли дело, чтобы среди лета почки раскрылись? — заворчали ветки-соседки. — Весной надо было зеленеть, весной!

— Если я собираюсь зеленеть, значит, я не совсем сухая, — ответила ветка.

— Хворостина ты! — рассердились соседки. — Палка, дубина, чурка, полено, коряга!

— Говорите, что хотите, — сказала ветка. — А я всё равно оживу.

Но её твёрдые почки так и не раскрылись. Никого она не накормила, не спрятала в тени, не приютила в листве. Не цвела она и не пускала по ветру крылатые семена.

Осенью листья на ветках пожелтели и ну летать, кружиться. Ветки-соседки заснули. Теперь они и сами стали чёрными, голыми. Сухая ветка ничем от них не

отличалась. Даже дятел как ни в чём не бывало сел на неё и спросил:

— Чего не спишь? Давай спи, набирайся сил до весны! — И тут он узнал её: — Что же это я делаю! Хворостине о весне говорю! Так не бывает, чтобы сухая ветка снова ожила.

Вспорхнул и улетел. А ветка выпрямилась и сказала:

— Поживём — увидим.

Пришла зима. Упали снежинки на ветку, укрыли каждый её сучок, каждую почку, заполнили каждую развилку. Стало ветке тепло и тяжело, словно от листьев.

Мороз. Иголочки инея выросли на ветке, окутали её со всех сторон. Ветка так и засверкала в лучах морозного солнца.

«Что ж! — подумала она. — Оказывается, не так уж плохо быть сухою веткой».

Потом наступила оттепель. На ветке повисли капли. Они переливались, блестели, падали одна за другой. А ветка всякий раз приподнималась и вздрагивала. Словно живая.

И снова снег. И снова мороз. Долгая была зима.

Но вот поглядела ветка вверх: небо тёплое, голубое. Поглядела вниз: под деревьями чёрные круги.

Растаял снег. Появились, откуда ни возьмись, прошлогодние листья и давай носиться по лесу. Видно, решили, что опять их время пришло.

Ветер утих, и они угомонились. Но заметила ветка, что они и без ветра шуршат потихонечку. Это из-под них травинки вылезают.

Травинки вылезали поодиночке, а листва на дереве распустилась вся сразу. Проснулись ветки-соседки и удивились:

— Ишь ты! Хворостина-то за зиму не сломалась. Видать, крепкая.

Услышала это ветка и загрустила:

— Значит, я и вправду хворостина. Значит, ничего у меня не получится. Хоть бы срубил меня человек, бросил бы в костёр...

И она представила себе, как загорится костёр, как вспыхнут на ней языки огня, словно большие красные листья. От этого ей стало тепло и немножко больно.

Тут на неё сел дятел:

— Привет-привет! Как здоровье? Не беспокоят ли жучки-короеды?

— Дятел, дятел... — вздохнула ветка. — Опять ты всё перепутал: сухую ветку за живую принял.

— Какая же ты сухая? — удивился дятел. — Ты просто разоспалась. Другие вовсю зеленеют, а у тебя только-только почки раскрылись. Кстати, куда девалась хворостина, которая тут торчала?

— Так это же была я! — обрадовалась ветка.

— Перестань говорить глупости! — сказал дятел. — То была абсолютно сухая ветка. Чего-чего, а живую ветку от сухой я уж как-нибудь отличу. Я же всё-таки головой работаю.

СОДЕРЖАНИЕ

Стихи

Первое сентября

О чём поют воробушки

Сказки

Печатное издание для детей младшего школьного возраста

Серия «Библиотека школьника»

Валентин Дмитриевич Берестов

СТИХИ И СКАЗКИ

Художник *Е. Воробьёва*

Подписано в печать 28.04.2023. Формат 60x90/16. Печ. л. 4,0.
Гарнитура «Прагматика». Бумага офсетная.
Печать офсет. Тираж 3 000 экз. Заказ № 946.

ООО «Издательство «Стрекоза». Россия, 107014, г. Москва,
ул. Стромынка, д. 11, этаж 2, пом. IX, ком. 11.

Отпечатано с электронных носителей издательства
ООО «Тверской полиграфический комбинат»
Россия, 170024, г. Тверь, пр-т Ленина, 5.
Телефон: (4822)44-52-03, 44-50-34. Телефон/факс (4482)44-42-15
Home page - www.tverpk.ru Электронная почта (E-mail) - sales@tverpk.ru

Для реализации:
107076, г. Москва, Стромынский пер., 4.
E-mail: info@strecoza.ru
Сайт: www.strecoza.ru

Страна-изготовитель: Россия
Дата изготовления: май, 2023
Изготовитель: ООО «Издательство «Стрекоза»